Baby ohne Windeln

Das alltagstaugliche Windelfrei-Buch

Yvonne Fuerstenberger

Baby ohne Windeln – Das alltagstaugliche Windelfrei-Buch

747 Venus View Dr.
Vista, CA 92081

Tag der Erstveröffentlichung: 21. September 2016

Umschlaggestaltung: Claudia Schulze

2. Auflage 2017

Herstellung und Druck: siehe letzte Seite

ISBN: 1540333574
ISBN-13: 978-1540333575

Wichtiger Hinweis - Disclaimer

Die hier dargestellten Inhalte dienen ausschließlich der neutralen Information und allgemeinen Weiterbildung. Sie stellen keine Empfehlung oder Bewerbung der beschriebenen oder erwähnten diagnostischen Methoden, Behandlungen oder Mittel dar. Dieses Buch erhebt weder einen Anspruch auf Vollständigkeit noch kann die Aktualität, Richtigkeit und Ausgewogenheit der dargebotenen Information garantiert werden. Die Lektüre ersetzt keinesfalls die fachliche Beratung durch einen Arzt oder Apotheker und darf nicht als Grundlage zur eigenständigen Diagnose und Beginn, Änderung oder Beendigung einer Behandlung von Krankheiten verwendet werden. Die Benutzung dieses Buches und die Umsetzung der darin enthaltenen Informationen erfolgt ausdrücklich auf eigenes Risiko. Der Verlag und auch der Autor können für etwaige Unfälle und Schäden jeder Art, die sich beim Besuch der in diesem Buch aufgeführten Orte ergeben (z.B. aufgrund fehlender Sicherheitshinweise), aus keinem Rechtsgrund eine Haftung übernehmen. Haftungsansprüche gegen den Verlag und den Autor für Schäden materieller oder ideeller Art, die durch die Nutzung oder Nichtnutzung der Informationen bzw. durch die Nutzung fehlerhafter und/oder unvollständiger Informationen verursacht wurden, sind grundsätzlich ausgeschlossen. Rechts- und Schadenersatzansprüche sind daher ausgeschlossen. Das Werk inklusive aller Inhalte wurde unter größter Sorgfalt erarbeitet. Der Verlag und der Autor übernimmt jedoch keine Gewähr für die Aktualität, Korrektheit, Vollständigkeit und Qualität der bereitgestellten Informationen. Druckfehler und Falschinformationen können nicht vollständig ausgeschlossen werden. Der Verlag und auch der Autor übernehmen keine Haftung für die Aktualität, Richtigkeit und Vollständigkeit der Inhalte des Buches, ebenso nicht für Druckfehler. Es kann keine juristische Verantwortung sowie Haftung in irgendeiner Form für fehlerhafte Angaben und daraus entstandenen Folgen vom Verlag bzw. Autor übernommen werden. Für die Inhalte von den in diesem Buch abgedruckten Internetseiten sind ausschließlich die Betreiber der jeweiligen Internetseiten verantwortlich. Der Verlag und der Autor haben keinen Einfluss auf Gestaltung und Inhalte fremder Internetseiten. Verlag und Autor distanzieren sich daher von allen fremden Inhalten. Zum Zeitpunkt der Verwendung waren keinerlei illegalen Inhalte auf den Webseiten vorhanden.

Über dieses Buch und die Autorin

Es gibt viele Methoden, ein Baby windelfrei zu bekommen. Nicht alle passen in den vielbeschäftigten Alltag unserer Zeit. Dieses Buch zeigt einen alltagstauglichen Weg, wie man schon die Jüngsten ganz natürlich und ohne großen Zeitaufwand mit immer weniger Windeln aufwachsen lassen kann.

Ein Baby ganz ohne Windeln ist dabei nicht der Anfang, sondern das Ziel unserer Reise. Unser Vorhaben wird funktionieren - aber nur wenn wir dabei konsequent einem Plan folgen, der zu uns und unserem Baby passt. Wir nennen es in diesem Buch den Windelfrei-Plan.

Mit unserem Windelfrei-Plan muss man Baby nicht stundenlang ohne Windeln beobachten, um auf ungewisse Signale zu warten. Wir zwingen Baby zu nichts Unnatürlichem, sondern greifen seine angeborenen Fähigkeiten auf und fördern sie im normalen Tagesablauf Schritt für Schritt. So können wir ganz natürlich auf immer mehr Windeln verzichten.

Yvonne Fuerstenberger sammelt seit Jahren Erfahrungen von Eltern in Deutschland und den USA, die ihre Babys windelfrei erzogen haben. In diesem Buch bietet sie nun erstmalig die Vielzahl dieser wertvollen Informationen, übersichtlich nach praktischen Themen geordnet, an. Dabei schreibt sie bewusst nicht in einer trockenen Fachsprache, sondern in lockerem Umgangston, um das Thema Ausscheidungskommunikation alltagstauglich und verständlich zu machen.

Inhalt

Vorwort – Windelfrei, können Babys das überhaupt schon?

Genauso wie Neugeborene Hunger und Schmerzen fühlen und lachen, wenn wir sie an den Fußsohlen kitzeln, spüren sie auch, wenn sie mal müssen. Und sie zeigen uns dies auch. Wer das nicht glaubt, googelt mal nach lustigen Babygesichtern kurz vor dem großen Geschäft. Könnten Kinder von Geburt an sprechen, würden wir sie bestimmt nicht in Windeln legen. Doch so wie es ist, können sie eben für die ersten Monate nur Grimassen schneiden, strampeln oder quengeln, und wir haben Schwierigkeiten, sie zu verstehen.

Über die Frage, ob Windelfrei bei Babys möglich und sinnvoll ist, existieren zahlreiche Meinungen. Zu viele davon sind leider pauschale Halbwahrheiten, die allzu gerne von der Windelindustrie aufgegriffen werden. Selbst diejenigen, die Windelfrei im Grunde gut finden, glauben oft, dass es sehr zeitaufwendig ist und im normalen Alltag gar nicht funktionieren kann.

Natürlich hat niemand Zeit, sein Baby 24 Stunden am Tag zu beobachten! Doch das ist mit unserem Windelfrei-Plan, den ihr auf den folgenden Seiten kennenlernen werdet, auch gar nicht nötig. Windelfrei-Babys verstehen, dass es Zeiten gibt, in denen Windeln angesagt sind. Genauso, wie sie verstehen, dass nur Mama, aber nicht Papa sie stillt. Babys nehmen viel mehr wahr, als wir es ihnen zutrauen und reagieren intuitiv unterschiedlich auf verschiedene Situationen. Daher können tatsächlich auch schon die Kleinsten windelfrei werden.

Auf unserer Windelfrei-Reise werden wir viel mit Baby kommunizieren. Wir wollen lernen, wie dieses kleine Wesen in allen Bereichen tickt. Nicht nur, wenn es um die offensichtlichen Dinge wie Essen oder Schlafen geht. Baby soll wissen, dass uns nicht nur wichtig ist, was es braucht, sondern auch, was es möchte. Und dass wir - selbst wenn wir noch nicht alles verstehen – in allen Bereichen für es da sind. Stress, Zwang, Druck und alles Negative hat dabei nichts zu suchen!

Die besondere Nähe, die dabei zwischen Baby und Eltern aufgebaut wird, empfinden Windelfrei-Eltern als einen besonders wertvollen Schatz, der beide noch lange begleitet, nachdem die Kinder windelfrei sind. Sauber zu werden ist dabei ein netter Nebeneffekt.

Macht ihr auch mit? Alles, was ihr dazu braucht, ist ein Baby. Ausprobieren kostet nichts und jede gesparte Windel ist eine gute Windel.

Windelfrei – So geht's

Wann ist die beste Zeit, um mit Windelfrei anzufangen?

Praktische Erfahrungen haben gezeigt, dass der beste Zeitpunkt, um mit Windelfrei anzufangen, ist, wenn das Baby ungefähr drei bis sechs Monate alt ist, denn:

- Die Eltern haben sich an die vielen neuen Aufgaben, die mit dem neuen Familienmitglied gekommen sind, gewöhnt und das meiste ist schon Routine.
- Das Baby ist nicht mehr so zerbrechlich und es ist leichter, es abzuhalten.
- Das Baby kann schon das Köpfchen heben, greifen und schläft nicht mehr so viel. Es ist neugierig, reagiert mehr und mehr auf seine Umwelt und fängt an, zu lernen.
- Die ersten Zähnchen fangen an zu wachsen, Baby bekommt schon öfter feste Nahrung und seine Geschäfte werden immer vorhersehbarer und seltener als bei Neugeborenen.
- Das Baby hat sich noch nicht zu sehr an die Windel gewöhnt. Denn nach ungefähr vier Monaten verlieren Windelbabys allmählich die Wahrnehmung dafür, wann sie mal müssen.
- Sobald das Baby sitzen kann, muss es nicht mehr abgehalten werden, sondern kann sein Geschäft bequem auf dem Topf oder der Toilette mit kindgerechtem Toiletteneinsatz verrichten.

Wann ist es zu früh oder zu spät, um mit Windelfrei anzufangen?

Auch wenn aus den vorgenannten Gründen der Start zwischen dem dritten und dem sechsten Monat am einfachsten ist, kann man in jedem Alter mit der Windelfrei-Erziehung beginnen.

Voraussetzung bei Neugeborenen ist natürlich, dass Mama und ihr Baby sich von der Geburt erholt haben und körperlich dazu in der Lage sind. Siehe dazu *So geht's bei Neugeborenen.*

Wenn Babys ab dem sechsten Monat immer mobiler werden, wird Windelfrei immer zeitaufwendiger. Zum einen sind sie mit all den neuen Eindrücken ihrer Entdeckerphase beschäftigt und achten weniger auf die langweiligen Harn- und Stuhldrang-Signale ihres Körpers. Zum anderen ist die Wahrscheinlichkeit groß, dass ein Baby, das bis dahin Wegwerfwindeln getragen hat, verlernt hat, sein angeborenes Gefühl, dass es mal muss, wahrzunehmen. Siehe dazu *So geht's bei Babys ab 6 Monaten.*

Wie viel Zeit braucht man für Windelfrei?

Unser Windelfrei-Plan führt durch Regelmäßigkeit und Konsequenz zum Erfolg, nicht durch planlos investierte Zeit.

Wir verbringen keine Stunden damit, zu beobachten, ob unser Baby mal muss, sondern bieten ihm bei ausgewählten Windelfrei-Gelegenheiten an, sich ohne Windel zu erleichtern. Dafür sind im Normalfall nur ein paar Extra-Minuten pro Gelegenheit nötig.

Wie lange dauert es, bis mein Baby sauber ist?

Um Baby auf natürliche Weise windelfrei zu kriegen, ist es nicht wichtig, wie schnell es geht. Jedes Baby ist eine eigene kleine Persönlichkeit und wir respektieren auf unserer Windelfrei-Reise seine Fähigkeiten und Wünsche.

Der schrittweise Weg zur Windelfreiheit geht am schnellsten, je besser die Kommunikation und Nähe zwischen uns und unserem Baby ist. Es ist wichtig, dass unser Baby weiß, dass es sich immer auf uns verlassen kann, wenn das, was oben reinkommt, wieder unten raus muss.

Die meisten Eltern, die mit unserem Windelfrei-Plan anfangen, sagen, dass ihr Baby die erste »Windelfrei-

Gelegenheit« schon nach wenigen Tagen versteht. Im Durchschnitt dauert jede weitere Windelfrei-Gelegenheit, die wir Schritt für Schritt hinzufügen, ein bis zwei Wochen, bis sie so zuverlässig funktioniert, dass wir eine neue hinzunehmen können.

Die ersten Erfolgserlebnisse habt ihr bestimmt auch schon sehr bald!

Der Schritt für Schritt Windelfrei-Plan

In drei Schritten zum windelfreien Baby

Schritt 1:
Eine »Windelfrei-Gelegenheit« auswählen,
bei der Baby ziemlich zuverlässig immer muss

Schritt 2:
Baby dabei anbieten,
sich ohne Windel zu erleichtern

Schritt 3:
Regelmäßig wiederholen und wenn es klappt,
immer mehr Gelegenheiten dazu nehmen

Auf den folgenden Seiten lernt ihr, wie das genau geht.

Es ist einfach. Aber die Sache hat einen Haken: Es funktioniert nur, wenn ihr konsequent seid und die Schritte unseres Windelfrei-Plans wirklich regelmäßig und konsequent durchzieht. Warum? Euer Baby muss verstehen, was ihr vorhabt. Nur dann kann es mitspielen.

Schritt 1: Eine Windelfrei-Gelegenheit auswählen

Schon ziemlich bald werdet ihr feststellen, dass es wiederkehrende Situationen gibt, bei denen euer

Baby ziemlich verlässlich immer Pipi oder AA macht. Immer nach dem Aufwachen zum Beispiel. Beim Stillen. Nach dem Füttern. Beim Windeln wechseln. Das ist Babys Rhythmus oder Timing.

Während manche Babys von ihren großen und kleinen Geschäften völlig unbeeindruckt zu sein scheinen, zeigen andere schon von Geburt an deutlich, wenn sie mal müssen. Wenn der Darm drückt, krümmen sie sich oder machen sich steif. Ist die Blase voll, werden sie unruhig und strampeln. Babys Signale sind anfangs schwierig zu interpretieren. So kann Strampeln heute bedeuten: »Ich muss mal«, morgen »Ich habe Hunger« und übermorgen - gar nichts. Falls euer Baby zu denen gehört, die sich gerne mitteilen, könnt ihr diese Signale in euren Windelfrei-Plan mit einbeziehen.

Dazu kommt eure Intuition oder euer Bauchgefühl. Eine Mutter hat oft einfach im Gefühl, dass ihr Baby jetzt gleich muss. Obwohl es vielleicht gerade erst war und obwohl es kein Zeichen gibt. Auch das hilft euch, hinter Babys Geschäftsgeheimnisse zu kommen.

Babys Timing, seine Signale und euer Bauchgefühl wollen wir daher nutzen, um eine Situation auszuwählen, bei der Baby ziemlich zuverlässig immer sein Geschäft erledigt. Bei dieser Situation, die wir Windelfrei-Gelegenheit nennen, werden wir Baby ab sofort die Chance geben, sich ohne Windel zu erleichtern.

Ein guter Einstieg ist das »Aufwachen am Morgen«. Der Morgenurin kommt verlässlich bei allen Babys kurz nach dem Aufwachen und ist eine gute Windelfrei-Gelegenheit, bei der man meist schon sehr schnell ein motivierendes Erfolgserlebnis erzielen kann.

Wichtig ist bei der Auswahl der Windelfrei-Gelegenheit, dass euer Baby schnell die Spielregeln begreifen kann: Wenn ihr ihm jeden Tag zur selben Gelegenheit anbietet, sich ohne Windel zu erleichtern, wird es das schnell verstehen und gerne mitspielen.

Es wird aber nicht kapieren, was ihr vorhabt, wenn ihr ihm nur unregelmäßig bei wechselnden Gelegenheiten anbietet, sein Geschäft ohne Windel zu erledigen. Also, zum Beispiel, heute beim Füttern, morgen nach dem Aufwachen und dann drei Tage gar nicht.

Wählt nun bitte eine Windelfrei-Gelegenheit für euer Baby aus, zum Beispiel:

- Babys Pipi nach dem Aufwachen am Morgen
- Babys Kacka nach dem Stillen oder Füttern
- Babys kleines oder großes Geschäft beim Wickeln
- Wenn Baby zeigt, dass sich ein großes oder kleines Geschäft anbahnt

Jedes Baby ist anders. Daher kann die Situation, für die ihr euch entscheidet, auch eine andere sein. Da die meisten Windelfrei-Eltern mit »Babys Pipi nach dem Aufwachen am Morgen« beginnen, wollen wir dies im Folgenden als Beispiel nehmen.

Wichtig: Legt eine Windelfrei-Gelegenheit fest, bei der ihr Baby ab jetzt regelmäßig und konsequent anbieten werdet, sich ohne Windel zu erleichtern.

Bei Krankheit oder aus anderen wichtigen Gründen kann man schon mal pausieren. Kurze Pausen schaden nicht. Aber bei längeren Pausen oder ohne für Baby erkennbare Regelmäßigkeit wird unser Windelfrei-Projekt nicht funktionieren.

Schritt 2: Baby abhalten bzw. auf den Topf setzen

Wenn die Windelfrei-Gelegenheit ansteht, zum Beispiel, wenn unser Baby am Morgen aufwacht, wollen wir ihm ab sofort immer und konsequent die Chance geben, sich nicht in die Windel, sondern in ein dazu auserwähltes Gefäß zu erleichtern.

Ein Baby, das noch nicht sitzen kann, ohne Windel über ein Gefäß zu halten, nennt man abhalten. Das ist nicht schwerer als Baby zum Füttern in den Armen zu halten. Alles Wichtige darüber erfahrt ihr im Kapitel *Abhalten - Wie geht das?*. Für ältere Babys gibt es Tipps im Kapitel *Baby auf dem Topf und der babygerechten Toilette*.

Für die Windelfrei-Gelegenheit bereiten wir nun alles vor: Toilette, Topf oder auch Papas Papierkorb oder Mamas Rührschüssel sind in Reichweite. Das Bettchen oder die Spieldecke ist mit einer wasserfesten Unterlage abgedeckt. Auch ein Platz, um Baby danach abzuwischen und inklusive Windel wieder anzuziehen, ist bereit und in der Nähe.

Jetzt kommt die Windel runter und ihr lasst euer Baby wissen: »Gleich darfst du ohne Windel«. Dann haltet ihr es ab oder setzt es auf den Topf.

Wenn Pipi oder AA kommen, sagt ihr z.B. »pschschsch«.

Euer Baby wird sich schon bald an dieses Ritual gewöhnen und loslegen, sobald die Windel abkommt.

Die erste Rückmeldung »Gleich darfst du ohne Windel« ist wichtig, damit euer Baby weiß, dass ihr erkannt habt, dass es mal muss und es gleich soweit ist. Babys können erstaunlich früh schon eine kurze Weile warten, bis sie abgehalten werden oder auf dem Topf sitzen.

Die zweite Rückmeldung »pschschsch« dient als Schlüsselwort oder Auslöser. Schon bald wird Baby das Geräusch mit seinem Pipi oder AA verbinden. Wenn ihr glaubt, euer Baby muss mal und ihr haltet es ab, könnt ihr versuchen, sein Pipi mit einem »pschschsch« auszulösen.

Diese beiden Rückmeldungen können natürlich alles Mögliche sein: Ein Wort oder ein Satz («Gleich darfst du ohne Windel«), ein nachgeahmtes Geräusch (»pschschsch«), eine Geste (z.B. das

Gebärdensprachenzeichen für Toilette) oder eine gesungene Zeile eures speziellen Pipilieds.

Wichtig: Rückmeldungen müssen immer eindeutig sein und genau im richtigen Moment gegeben werden, damit Baby sie mit seinem Bedürfnis und der Windelfrei-Gelegenheit assoziiert. Eine Dauerberieselung verwirrt das Baby nur und es wird eher abschalten als reagieren.

Schritt 3:
Wiederholen

Wiederholt diese Windelfrei-Gelegenheit so lange, bis sie ziemlich verlässlich klappt.

Während ihr übt, lasst euch nicht entmutigen: Es macht nichts, wenn ihr noch nicht alles bemerkt oder richtig einschätzt. Babys sind da verzeihend. Aber um zu lernen, brauchen sie wiederkehrende Situationen, auf die sie vertrauen können.

Wenn ihr bei einer Windelfrei-Gelegenheit ein ziemlich verlässliches Erfolgserlebnis habt, könnt ihr die nächste dazu nehmen.

Das Grundprinzip bleibt dabei gleich: Eine weitere Situation auswählen und dem Baby von nun an immer und konsequent anbieten, sein Geschäft bei beiden Gelegenheiten ohne Windeln zu erledigen.

Damit die Windelfrei-Kommunikation funktioniert und Baby versteht, was ihr von ihm wollt, gibt es diese drei Spielregeln:

1. Nicht zu viel auf einmal, sondern Schritt für Schritt
2. Regelmäßigkeit und Konsequenz
3. Entspannt bleiben, auch wenn es mal nicht wie gewünscht läuft

Abhalten – Wie geht das?

Wenn ihr schon mal beobachtet habt, wie eine Mutter ein Kind für sein kleines Geschäft im Freien über den Boden hält, kennt ihr die Abhalteposition, die die meisten Eltern bevorzugen: Ihr haltet euer Baby mit seinem Rücken vor euren Bauch, umgreift seine Schenkel und spreizt dabei ganz leicht seine Beine.

In einer leichten Hockstellung sicher über die Toilette oder ein passendes Gefäß gehalten, kann Baby optimal Groß und Klein machen. Die Hockposition ist für alle Menschen ergonomisch am besten, um eine Blasen- und Darmentleerung natürlich auszulösen:

Manche Eltern setzen sich auch beim Abhalten hin und halten ihr Baby über einen Topf oder eine Schüssel in ihrem Schoss. Oder sie setzen sich mit dem Gesicht zum Deckel falsch herum auf die Toilette und halten Baby zwischen ihren Beinen ab.

Genauso wie ihr intuitiv wisst, wie ihr euer Baby am besten haltet, wenn ihr es mit euch herumtragt, werdet ihr auch schnell herausfinden, in welcher Abhalteposition ihr beide euch am sichersten und wohlsten fühlt. Hauptsache, Baby kann sich entspannt erleichtern und ihr könnt es solange sicher und bequem halten. Ihr werdet vielleicht eine Weile üben müssen, bis ihr eine Position gefunden habt, die angenehm für euch beide ist. Wenn ihr immer noch unsicher seid, gibt´s im Internet viele Videos.

Übrigens: Bei Jungs kann es notwendig sein, beim Abhalten den Penis mit einem Finger nach unten zu positionieren.

Wie alles im Laufe der Entwicklung kann es auch sein, dass sich eure Abhalteposition ändert, wenn das Baby größer und schwerer wird. Sobald euer Baby sitzen kann, könnt ihr den Topf ausprobieren.

Welche Abhaltegefäße sind am besten?

Es ist nicht wichtig, worüber das Baby abgehalten wird. Man kann dazu alle möglichen Gefäße von der umfunktionierten Rührschüssel über Topf und Toilette bis hin zum »Asiatöpfchen« benutzen.

Zu den beliebtesten Abhaltegefäßen gehören:

- Toilette
- Waschbecken
- Badewanne
- Dusche
- Der gute alte Topf (man kann Baby auch prima darüber abhalten, solange es noch nicht sitzen kann)
- Alle umfunktionierten Gefäße wie Papierkörbe, Plastikschüsseln, Eimer - eurer Fantasie sind keine Grenzen gesetzt

- Für unterwegs eignen sich Plastikgefäße mit Deckel
- Gekaufte Asiatöpfchen (heißen oft auch Chinatöpfchen): Die sehen aus wie ein Plastik-Blumentopf mit sehr breitem Rand und man kann sie sich prima in den Schoss klemmen und Baby auch gut darauf absetzen. Es gibt sie in verschiedenen Größen und Ausführungen zu kaufen.

Tipps zur Auswahl von Abhaltegefäßen:

- Da Babys von der Menge her nicht viel pieseln, muss ein Abhaltegefäß gar nicht groß sein.
- Standfeste Gefäße mit breitem, abgerundetem Rand sind optimal, denn da kann man Babys Po absetzen, wenn es mal länger dauert. Wenn man ein Baby schwebend über eine Schüssel halten muss, kann es schnell schwer werden.
- Gefäße mit zu geringem Durchmesser machen es schwer, Jungs darauf richtig abzuhalten.
- Am besten an strategischen Punkten in der Wohnung verteilen, damit man immer ein Gefäß in Reichweite hat.
- Je höher der Behälter ist, desto weniger spritzt es.
- Wenn man in einen flachen Behälter Klopapier legt, spritzt es nicht und das Saubermachen ist auch einfacher. Das eignet sich auch gut für unterwegs.

Baby nach dem Abhalten saubermachen:

Wenn man sein Baby über Toilette, Waschbecken, Badewanne oder Dusche abhält, sollte man es der Sicherheit wegen zum Saubermachen und Wiederanziehen lieber auf eine Wickelauflage legen.

Wer ein Abhaltegefäß in seinen Schoss stellt, muss wahrscheinlich ein bisschen üben, um Kind und Gefäß danach sauber zu trennen.

Wie oft soll ich mein Baby abhalten?

Wie oft ihr euer Baby abhaltet, ergibt sich aus den Windelfrei-Gelegenheiten, die ihr euch ausgesucht habt.

Ihr könnt euer Baby Schritt für Schritt zu beliebig vielen dieser Windelfrei-Gelegenheiten abhalten – aber denkt daran, dass Baby nur lernt, wenn es eure Spielregeln versteht. Daher ist Konsequenz und Regelmäßigkeit nötig, um Baby natürlich windelfrei zu bekommen.

Wie lange soll ich abhalten, wenn mein Baby nicht gleich muss?

Das Gefühl dafür werdet ihr ziemlich schnell entwickeln. Die meisten Windelfrei-Eltern sagen, dass sie innerhalb einer Minute wissen, ob ihr Baby beim Abhalten wirklich muss oder nicht.

Die Faustregel: Gebt Baby genug Zeit, sich zu entspannen, bevor ihr entscheidet, dass es diesmal nichts mehr wird. Zwingt es nicht, wenn es anfängt zu weinen, sich windet, steif macht oder deutliches Missfallen kommuniziert. Dann muss es entweder nicht oder eure Abhalteposition ist nicht ideal.

Wie weiß mein Baby, ob ich es abhalte, oder ob es in die Windel machen soll?

Babys sind im Allgemeinen schlauer, als wir es ihnen zutrauen. Sie können schon ziemlich schnell verschiedene Situationen intuitiv oder aus ihrer Erfahrung heraus unterscheiden. So wie sie verstehen, dass nur Mama ihnen die Brust gibt und sie nur von Opa so toll in die Luft geworfen werden, verstehen sie auch, dass es Zeiten gibt, wo Windeln angesagt sind und Zeiten, in denen man sich ohne erleichtern darf.

Daher sind die Zeiten, wo sie Windeln tragen, normalerweise kein Problem für sie, wenn sie eure Spielregeln verstehen. Der Schlüssel zu Windelfrei ist nun mal Konsequenz und Regelmäßigkeit – wir können das nicht oft genug wiederholen. Baby muss verstehen, zu welchen Gelegenheiten es sich ohne Windel erleichtern darf. Nur dann kann es sich darauf einstellen.

Wichtig: Wenn ihr merkt, dass Baby mal muss, es aber gerade nicht passt, es abzuhalten, gebt ihm unbedingt Rückmeldung: »Ich sehe, dass du mal musst, mein Schatz, aber ich kann dich gerade nicht abhalten. Bitte mach in die Windel. Sobald es geht, werde ich deine Windel wechseln.«

Baby auf dem Topf und der babygerechten Toilette

Ob euer Kind auf seinem Weg in ein Leben ohne Windel besser den Topf oder einen kindgerechten Toilettensitz benutzt, bleibt euch überlassen. Manche Kinder möchten gerne wie ihre älteren Geschwister oder Mama und Papa gleich auf die richtige Toilette, andere finden die Toilette erst mal unheimlich. Manche Eltern finden, dass der Umstieg vom Toilettensitz zur eigentlichen Toilette einfacher ist, auch wenn man unterwegs ist.

Praktische Argumente für und gegen den Topf sind, dass man ihn zwar überall hin mitnehmen kann, dafür aber auch jedes Mal sauber machen muss. Am besten, beides ausprobieren oder zu gegebener Zeit dazwischen wechseln.

Mein Kind will nicht auf den Topf oder die Toilette...

Wenn euer Kind Topf oder Toilette noch ablehnt, macht kein großes Aufhebens darum, denn das baut schon von Anfang an Widerstand auf. Der Gang zur Toilette muss völlig selbstverständlich bleiben. Lasst eurem Kind Zeit und bietet ihm Topf oder Toilette immer wieder spielerisch an, aber zwingt es nie. Bis zum 60.sten Monat ist alles im Rahmen der normalen Entwicklung.

Woran kann es liegen, wenn euer Kind Topf oder Toilette nicht benutzen möchte?

Praktische Gründe

Topf oder Toilettensitz sind unbequem, hart, kalt oder tun am Po weh. Die Toilette ist nicht gut zu erreichen, oder das Kind fühlt sich nicht sicher darauf, weil die Beine in der Luft hängen.

Das könnt ihr tun:

- Wählt einen Topf, der kippsicher ist, von der Größe her passt, eine natürliche Hockstellung begünstigt, durch einen breiten Rand bequem ist und durch Farbe oder Funktionen Spaß macht. Bei einem Topf, der durchsichtig ist oder eine Melodie spielt, muss man Baby nicht dauernd hochheben, um zu sehen, ob schon was drin ist. Die Hockstellung, leicht nach vorne gebeugt und mit beiden Beinen auf dem Boden, ist am besten für Babys Geschäft.
- Wählt einen Toilettensitz, der höhenverstellbar ist, damit er sich gut an eure Toilette anpasst und einen mit Treppe, so dass euer Nachwuchs sicher dort hochklettern und beim Geschäft die Füße abstellen kann. Achtet auf ergonomische Form, Armlehnen oder Haltegriffe und ein Fußraster, so dass das Kind sicher und bequem sitzt.

Psychologische Gründe

Manche Kinder sind verängstigt, wenn sie ihr eigenes Geschäft zum ersten Mal bewusst wahrnehmen, oder wollen das Geschäft als einen Teil von sich nicht hergeben. Manche fühlen sich hilflos, wenn sie über einer tiefen, unheimlichen Öffnung hängen, die ihr Geschäft verschluckt.

Das könnt ihr tun:

- Erst mal wieder zurück zum Topf oder zur Windel und immer wieder spielerisch anbieten. Lasst dem Kind Zeit!
- Kinder lernen durch Nachmachen. Daher das Kind mitnehmen, wenn ihr selber geht und immer wieder zeigen, wie normal es ist, eine Toilette zu benutzen und dass dabei nichts Schlimmes passiert. Irgendwann wird es sich auch draufsetzen wollen.
- Am besten wäre es, wenn es euch gelingt, dass euer Kind selbst auf die Idee kommt. Zum Beispiel könnt ihr gemeinsam die Geschäftsbedürfnisse seiner Plüschtiere diskutieren und so Interesse und Aufmerksamkeit am Thema erwecken.
- Bleibt bei ihm während seines Geschäfts, damit es sich sicher fühlt.
- Trockentraining: Lasst es spielerisch die Toilette erkunden, darauf herum klettern und spülen.

- Lasst es in einem ersten Schritt Pipi in die Dusche machen, denn das ist nicht unheimlich und so kann es das Prinzip, sich ohne Windel zu erleichtern, auch schon entwickeln.

Natürlich im Zweifel medizinische oder psychologische Hilfe holen!

Ungeduld

Ist alles andere mal wieder spannender und das Kind will lieber daran teilhaben als langweilig auf der Toilette zu sitzen und auf sein Geschäft zu warten?

Dann probiert die folgenden Tipps aus, um Topf und Toilette interessanter zu machen:

- Ein Topf, der Musik macht, wenn etwas drin ist - aber Vorsicht, wenn sich euer Baby leicht erschreckt, ist das vielleicht nichts!
- Die Neugier siegt! Wickelt eine Kleinigkeit in Papier und legt es gut sichtbar ins Bad. Das Geheimnis gibt es, wenn das Geschäft erledigt ist. Gut ist auch eine Serie zusammengehöriger Dinge für mehrere Klobesuche. Wichtig ist nicht, was drin ist, sondern die Neugier des Kindes, das Geheimnis zu entschlüsseln. Oder ihr lasst es raten, was drin sein könnte. Geschäftserfolg plus Erraten entschlüsselt das Geheimnis und der Inhalt gehört ihm!
- Bastelt ein Poster, auf das für jedes Geschäft ein Punkt geklebt wird. Bei einer bestimmten

Anzahl von Punkten gibt es etwas Größeres, etwa einen Besuch im Zoo.

- Klebt bunte Aufkleber in die aufgeklappte Klobrille oder eine Spiegelfolie, in der das Kind sich sehen kann.
- Hängt ein Bauernhofposter auf, auf das bei erfolgreichem Geschäft immer neue Tiere gepinnt werden.
- Lest eine Fortsetzungsgeschichte vor.
- Erfindet ein spezielles Pipilied und singt es zusammen.
- Es gibt auch ein Toilettenkönigspiel zu kaufen, wo sich das Kind eine Krone aufsetzen darf, während es sich auf den Thron setzt...
- Aktivitäten wie Singen, Fingerspiele oder Rollenspiele, bei denen es kreativ um Pipi oder AA geht und das Kind mithelfen kann (z.B. der Feuerwehrmann löscht ein Feuer, der Gärtner gießt die Blumen).
- Alles, was überrascht, z.B. eine Plastikfliege in der Schüssel, die man treffen muss.
- »Du darfst dir danach eine schöne Unterhose aussuchen«

Es zählt die Idee, nicht der Wert der »Bestechung«!

Oft wirkt auch schon ein kleiner Ortswechsel Wunder. Dazu kann z.B. gehören, statt Topf die Toilette anzubieten, oder mal bei Oma und Opa im Badezimmer, in der Dusche oder im Sommer im Freien zu üben.

Aufs Klo zu gehen ist ein natürlicher Reifungs- und Lernprozess, den euer Kind durchläuft und früher oder später meistern wird. Lasst euch nicht von anderen verunsichern, die sagen, dass ihr Baby schon viel weiter ist.

Wie lange soll ich mein Baby auf dem Topf oder der Toilette halten?

Wenn ihr euer Kind und sein Timing eine Weile kennt, werdet ihr intuitiv wissen, ob es wirklich muss und für wie lange es sinnvoll ist, es dort ohne Stress zu halten. Als Faustregel gilt: Solange, dass es sich entspannen und sein Geschäft verrichten kann, wenn es wirklich muss. Zwingt es aber niemals, sitzen zu bleiben!

Wenn euer Baby muss, aber abgelenkt ist, weil Spielen oder der Hund im Moment wichtiger sind als langweilig auf dem Topf zu sitzen, bietet ihm etwas an, was es ablenkt und ihm hilft, sich zu entspannen, z.B. ein Bilderbuch.

Wenn euer Kind schon mobil ist und es spannender findet, auf den Topf und wieder runter zu klettern als ihn tatsächlich zu benutzen, ist eventuell der Umzug auf einen kindgerechten Toiletteneinsatz eine gute Idee.

Lasst euer Kind niemals unbeaufsichtigt auf dem Topf oder der Toilette!

So geht's bei Neugeborenen

Bei einem Neugeborenen mit Windelfrei anzufangen, kann etwas mehr Zeit und Geduld erfordern.

Bei Neugeborenen, die ihr Köpfchen noch nicht alleine halten können, ist es nicht ganz einfach, das zarte Wesen sicher und gleichzeitig gezielt abzuhalten.

Außerdem müssen sie sehr häufig und brauchen erst ein paar Wochen, bis sie einen verlässlichen Rhythmus entwickeln: Die Harnabgabe bei Neugeborenen kann noch sehr unregelmäßig bis zu 24 Mal in 24 Stunden erfolgen. Auch die Häufigkeit der Darmentleerung ist noch sehr unregelmäßig und kann von Woche zu Woche anders sein. Von »nach jeder Mahlzeit« bis zu »nur alle paar Tage« kann alles vorkommen. Daher kann es anfangs schwierig sein, verlässliche Windelfrei-Gelegenheiten zu finden.

Bei Windelfrei für Neugeborene gibt es daher die folgenden Besonderheiten:

Windelfrei-Gelegenheiten: Während der Morgenurin auch bei Neugeborenen ziemlich verlässlich kommt und als erste Windelfrei-Gelegenheit schon meist gut klappt, kann es in den ersten Wochen schwierig sein, weitere verlässliche Windelfrei-Gelegenheiten zu finden. Da hilft leider nur, bei dem zu bleiben, was schon gut läuft und den nächsten Schritt erst in ein paar Tagen oder Wochen zu versuchen.

Abhalten: Beim Abhalten von Neugeborenen ist es sehr wichtig, das Köpfchen sicher zu stützen. Viele Eltern bevorzugen es, ihr Neugeborenes zum Abhalten seitlich vor ihren Körper im Arm zu halten:

So geht's bei Babys ab 6 Monaten

Windelfrei erst bei Babys mit einem halben Jahr oder noch später anzufangen, hat zwei Vorteile: Ihr könnt euch besser verständigen und die Blase ist bereits besser entwickelt, so dass sie größere Mengen für einen längeren Zeitraum halten kann.

Glaubt aber nicht, es müsste besser und schneller gehen, weil euer Kind schon älter ist! Das Gegenteil ist leider der Fall: Windelfrei wird schwieriger und zeitaufwendiger, je älter ein Kind wird.

Wenn euer Kind für längere Zeit - man sagt circa ein halbes Jahr – rund um die Uhr in Wegwerfwindeln war, hat es inzwischen verlernt, seine Ausscheidungen bewusst wahrzunehmen. Die Feuchtigkeit ist in einer Wegwerfwindel - wenn überhaupt - erst lange, nachdem das Pipi geflossen ist, fühlbar. Daher stellt das Kind gar keine Verbindung zwischen seinem Pipi und der nassen Windel her und muss erst wieder lernen, seine Ausscheidungen zu bemerken.

Manche Kinder, die über längere Zeit an Wegwerfwindeln gewohnt waren, weigern sich anfangs sogar, ohne den Schutz der Windel zu machen.

Daher ist bei älteren Kindern viel Geduld und Kreativität gefragt. Startet langsam und ohne Erwartung! Bei allen Gelegenheiten, in denen es noch nicht ohne Windel geht, wird erst mal weiter gewickelt.

Es klappt besser, wenn Pipi und AA nicht zu eurem Tagesthema wird, sondern ihr es ganz allmählich, Windelfrei-Gelegenheit für Windelfrei-Gelegenheit, angeht.

Windelfrei-Gelegenheiten: Als erste Windelfrei-Gelegenheit bietet sich auch bei älteren Kindern der Morgenurin nach dem Aufwachen an, bei dem ihr es ab jetzt auf den Topf oder die Toilette mit Kindereinsatz setzt.

Die weiteren Windelfrei-Gelegenheiten solltet ihr euch nach dem Timing eures Kinds aussuchen: Wählt eine Zeit, zu der normalerweise immer die Windel voll ist, also zum Beispiel zwei Stunden nach dem Aufstehen oder eine Stunde nach dem Füttern.

Nehmt euch eine Viertelstunde Zeit, euer Kind während dieser Windelfrei-Gelegenheit auf einer wasserfesten Unterlage ohne Windel zu beobachten. Wenn es soweit ist, dass das Geschäft kommt, bietet ihm den Topf an.

Wenn diese Windelfrei-Gelegenheit erledigt ist, wird Baby wieder inklusive Windel angezogen und ihr macht weiter mit dem, was ihr vorher getan habt.

Ihr könnt auch von Wegwerfwindeln auf Stoffwindeln umsteigen. Das ist nicht zwingend notwendig, kann den Windelfrei-Prozess aber beschleunigen, denn mit einer Stoffwindel bemerkt Baby seine Ausscheidungen zeitnah.

Damit euer Kind lernt, sein Geschäft bewusst wahrzunehmen, macht es darauf aufmerksam und sprecht mit ihm darüber, dass es gerade muss und macht. Zum Beispiel: »Schau, du machst Pipi!«. Lasst euch von eurem Kind bestätigen, dass es das weiß. Statt mit einem Wort kann euer Kind auch mit einem Handzeichen antworten.

Seid konsequent, aber bleibt sachlich, positiv und nervt euer Kind nicht! Es ist eine feine Gradwanderung, die ihr meistern müsst, zwischen »ihm seine Ausscheidungen bewusst machen« und »es nicht damit nerven«.

Viele Eltern praktizieren in dieser Zeit die offene Badezimmertür. Lasst euer Kind sehen, dass Groß und Klein ganz normal sind und in die Toilette gehören. Es ist in einem Alter, in dem es gerne nacheifert und Dinge, bei denen man zuerst nicht glaubt, dass sie rübergekommen sind, zu einem späteren Zeitpunkt von ganz alleine nachmacht.

Auch für die Älteren ist es einfacher, ihr großes Geschäft wahrzunehmen, denn das kündigt sich meist rechtzeitig vorher und spürbarer an, während eine volle Blase oft erst im letzten Moment wahrgenommen wird. Macht euch darauf gefasst, dass es eine längere Zeit dauern kann, bis ein an Windeln gewöhntes Kind seine volle Blase bewusst wahrnimmt und sich von selbst meldet.

Tipps gibt es im Kapitel *Baby auf dem Topf und der babygerechten Toilette*.

Windelfrei in spezielle Situationen

Windelfrei bei Nacht

Die Natur hat es so eingerichtet, dass man unter normalen Umständen im Tiefschlaf kein Geschäft erledigen kann. Der Urin sammelt sich und wir werden wach, wenn die Blase voll ist. Dies ist auch bei Babys nicht anders. Sicher kann es vorkommen, dass das Baby so tief schläft und die Muskeln so entspannt sind, dass es sich ungewollt im Schlaf erleichtert, doch in der Mehrheit aller Fälle geraten Babys, deren Blase voll ist, von der Tiefschlafphase in die leichtere REM-Schlafphase und machen sich bemerkbar, wenn es soweit ist.

Schläft euer Baby bei euch, merkt ihr das natürlich am besten und ihr könnt es rechtzeitig abhalten. Viele Eltern finden, dass das nachts im abgedunkelten Raum viel besser geht als tagsüber, wo es mehr Ablenkung gibt.

Ob ihr Windelfrei auch nachts praktizieren wollt, hängt ganz von euch und eurem Baby ab. Schlaf ist sehr wichtig und man kann tagsüber eine umso aufmerksamere Mama sein, desto mehr man nachts davon bekommt. Daher empfehlen wir, das Baby noch einmal abzuhalten, bevor es ins Bett geht und es in den ersten Monaten nachts mit Windeln schlafen zu lassen. Da Wegwerfwindeln trockener halten als Stoffwindeln, werden sie von vielen Windelfrei-Eltern für die Nacht bevorzugt.

Im Durchschnitt müssen Babys, die über die Neugeborenen Phase hinaus sind, ein bis zwei Mal pro Nacht. Babys Nacht-Rhythmus ist auch meistens schon wesentlich früher regelmäßig als sein Tagesrhythmus.

Selbstverständlich solltet ihr nasse Windeln auch nachts so schnell wie möglich wechseln, spätestens dann, wenn Baby euch darauf aufmerksam macht. Bei nächtlichen Aktivitäten ist gedämmtes Nachtlicht am praktischsten. Manche Babys brauchen nach dem Windelwechsel in der Nacht eine Einschlafhilfe, zum Beispiel etwas zu trinken.

Wann es soweit ist, dass es die Nacht trocken durchhält, ist von Baby zu Baby unterschiedlich. In den ersten drei Monaten schlafen Babys im Durchschnitt 16 bis 18 Stunden pro Tag. Ihre Schlafrhythmen sind dabei ziemlich gleichmäßig über den Tag verteilt. Erst mit vier bis sechs Wochen beginnen sie, einen Tag-Nacht-Rhythmus zu entwickeln. Im Durchschnitt schlafen Babys dann sechs bis acht Stunden am Stück. Statistisch gesehen wachen 40% aller Babys ein bis zwei Mal pro Nacht auf. Doch selbst wenn euer Baby durchschläft, heißt das natürlich, dass es schon um zwei Uhr morgens wieder topfit sein kann, wenn es um acht Uhr abends ins Bett geht.

Windelfrei bei Krankheit

Es kann Zeiten geben, wo ihr oder euer Baby krank seid. Das muss gar nichts ernsthaftes sein, schon eine leichte Erkältung oder Durchfall kann ausreichen, dass es gerade nicht mit Windelfrei gut läuft. Was tun?

Wenn es momentan nicht gut geht, einfach zur Windel wechseln, bis es Baby oder euch wieder besser geht. Das gilt auch für die Zeiten, während denen Baby sich gesund schläft. Danach mit Windelfrei weitermachen, wo ihr aufgehört habt. Babys erinnern sich wieder, sobald die Umstände wie gewohnt sind und es nicht allzu lange her ist.

Windelfrei unterwegs

Viele Windelfrei-Eltern praktizieren Windelfrei anfangs nur zuhause und ziehen ihrem Baby eine Windel an, wenn es auf Einkaufstour, in den Park oder zu Oma und Opa geht. Wenn sich Windelfrei schon bei vielen Gelegenheiten gut eingespielt hat, kann man es natürlich auch unterwegs probieren.

Die wichtigsten Dinge für unterwegs:

- Ein Abhaltegefäß, am besten mit Deckel. Wenn man Klopapier hineinlegt, spritzt es nicht und man kann das Ganze besser aufheben, wenn Sofort-Ausleeren nicht geht. Damit ihr eine

Vorstellung von der ausreichenden Größe habt: Die Urinmenge eines ein Jahr alten Babys passt in einen halben Jogurt Becher.

- Windeln oder Backups
- Wechselwäsche fürs Baby: separates Oberteil und Unterteil, Trainingshosen und Split Pants haben sich bewährt, um Baby schnell abzuhalten.
- Sachen, um danach sauberzumachen

Tipps für Windelfrei unterwegs:

- Spielt am besten die Situation außer Haus schon mal in Gedanken durch, dann vergesst ihr nichts Wichtiges.
- Plant eure Aktivitäten um den Rhythmus des Babys herum.
- Lasst Baby vor dem Weggehen noch mal zuhause gehen.
- Beim Herausnehmen aus dem Autositz und vor dem Einsteigen auf dem Rückweg müssen viele Babys Pipi - eine gute Zeit, um es im Freien oder im Auto in ein Gefäß abzuhalten.
- Wenn ihr zu Fuß unterwegs seid: Die meisten Babys machen nicht, wenn sie nahe am Körper der Mutter in einem Tragetuch sind.
- Macht euch darauf gefasst, dass ihr euch unter Umständen mit den Kommentaren anderer Leute auseinandersetzen müsst, wenn ihr euer Baby in der Öffentlichkeit abhaltet.

- In einer anderen Umgebung, auch bei Freunden oder Verwandten, reagieren Babys oft ganz anders als zu Hause.

Windelfrei mit dem Partner

Idealerweise sollten alle, die direkt an Babys Erziehung beteiligt sind, Windelfrei befürworten, denn in erster Linie baut es ja auf der Kommunikation zwischen Baby und seinen Bezugspersonen auf. Das gilt auch für getrennt lebende Partner.

Erfahrungsgemäß sind viele Väter und andere Familienmitglieder, die gerne bei der windelfreien Erziehung des Kindes mithelfen möchten, zunächst unsicher, wie sie sich beteiligen können.

Wenn sie noch nichts über Windelfrei wissen, gebt ihnen am besten erst mal dieses Buch, so dass sie lernen können, worauf es ankommt. Dann zeigt ihnen in der Praxis, auf welche Zeichen sie bei eurem Baby achten müssen und welche Rückmeldung sie im exakten Moment geben sollen.

Wenn sie sich nicht trauen, das Baby abzuhalten, oder ihr skeptisch seid, ob sie das richtig hinkriegen, sagt ihnen lieber, sie sollen euch das Kind im Ernstfall mit einem »Ich glaube, es muss mal…« in die Hand drücken.

Partner, die Windelfrei ablehnen

Leider gibt es auch Väter oder andere enge Bezugspersonen, die überhaupt nicht begeistert vom dem Gedanken sind, dass ihr euer Baby windelfrei erziehen wollt.

Das können die Gründe sein und das könnt ihr tun:

Euer Partner kennt Windelfrei zwar nicht, glaubt aber, es ist nicht gut

Die meisten, die das Konzept von Windelfrei ablehnen, vertrauen auf gehörte Halbwahrheiten und nicht auf Tatsachen. Bietet eurem Partner dieses Buch an, damit er sich genauer darüber informieren kann.

Lasst ihn euch und das Baby mal bewusst beobachten und gebt ihm die Chance, die besondere Nähe mitzuerleben, die ihr mit eurem Baby in Punkto Ausscheidungskommunikation habt.

Euer Partner fühlt sich ausgeschlossen, denkt, er wird nicht gefragt

Euer Partner findet, ihr habt Windelfrei über seinen Kopf hinweg entschieden und seine Meinung interessiert niemanden?

Dann bezieht ihn mehr mit ein: »Hier, halt mal. Wenn du glaubst sie muss mal, hältst du sie einfach über die Toilette und machst pschschsch.« Drückt ihm das Baby in die Hand und lasst die beiden allein.

Euer Partner fühlt sich durch Windelfrei gestresst

Eventuell ist euer Partner auch ablehnend, weil er nicht all eure Glücksmomente während des Tages mitbekommt, sondern nur einzelne Szenen am Abend, wo vielleicht schon alle gestresst und müde sind?

Dann nehmt euch einen Tag am Wochenende zusammen Zeit. Lasst ihn euch beobachten, wenn es gut läuft, bezieht ihn mit ein und drückt ihm das Baby in die Hand, wenn ihr schon alles vorbereitet habt und es gleich soweit ist.

Euer Partner ist für Windelfrei, aber will es anders handhaben

Findet euer Partner Windelfrei gut, aber seid ihr euch uneinig, was die Ausführung betrifft?

Dann könntet ihr euch zum Beispiel darauf einigen, dass einer bei Windelfrei federführend ist und der zweite in einer anderen Situation der Erziehung.

Euer Partner ist mit dem Baby überfordert

Das ist ein sehr ernstes Thema, bei dem wir euch in diesem Buch leider nicht helfen können…

Geschwister und Zwillinge

So kann Windelfrei funktionieren, wenn das Baby kein Einzelkind ist:

Bei Zwillingen oder Geschwistern, die auch noch nicht sauber sind

Selbst bei Zwillingen oder bei zwei Kindern, deren Geburt so kurz auseinander liegt, dass beide noch nicht sauber sind, kann Windelfrei gut klappen. Es klingt erst mal stressig, zwei Kinder gleichzeitig daran zu gewöhnen. Auf der anderen Seite ist aber wenig Unterschied, ob man zwei Mal Windeln wechseln und Popos abwischen muss, oder eben zwei Mal abhält.

Fangt mit gemeinsamen Windelfrei-Gelegenheiten wie dem Aufwachen am Morgen an. Erst wenn ihr alle Gelegenheiten ausgeschöpft habt, bei denen beide zur selben Zeit müssen, kann es schwieriger werden. Aber Geschwister lernen ja auch bei anderen Dingen, dass erst der eine und dann der andere drankommt. Sie werden auch beim Abhalten lernen, wann sie dran sind.

Die meisten Mehrfach-Mamas finden sogar, dass es sehr vorteilhaft ist, wenn die Kids sich gegenseitig beobachten und voneinander lernen können. Oft, aber nicht immer, machen beide schnellere Fortschritte.

Bei älteren Geschwistern, die schon sauber sind

Ältere helfen meistens gerne bei der Versorgung ihrer jüngeren Geschwister und sind stolz, dass sie Hilfe und Vorbild sein dürfen. Gerade in Mehrkinder-Familien können gemeinsame Klobesuche der Geschwister zu einem ganz normalen Ereignis werden, von dem die Kleinen profitieren. Spannend wird es, wenn die Älteren und die Jüngeren ein gemeinsames Zeichen entwickeln, das »Ich muss mal« bedeutet.

Es gibt Ältere, die sogar so einen guten Radar für ihr jüngeres Geschwisterchen entwickeln, dass sie dessen Bedürfnisse eher bemerken als Mama. Auch wenn die Älteren selber mit Windel erzogen wurden, ist es für sie meistens ganz normal, wenn ihre jüngere Schwester oder ihr kleiner Bruder abgehalten werden.

Windelfrei mit älteren Geschwistern, die gewickelt wurden, eliminiert auch das Problem, das manche Erstgeborene entwickeln, wenn sie ein Brüderchen oder Schwesterchen kriegen, nämlich dass sie selbst auch wieder Windeln tragen wollen.

Babysitter, Kita, Tagesmütter

Grundsätzlich ist es gar kein Problem, wenn verschiedene Personen sich mit eurem Baby über Windelfrei verständigen.

Oft sind es Menschen, von denen man gar nicht erwartet hätte, dass sie gerne mithelfen möchten, z.B. Großeltern, die sich noch an die Zeiten mit der guten alten Stoffwindel erinnern, als frühes Windelfrei ganz selbstverständlich war.

Fragt eure Betreuungsperson einfach, ob sie gerne mitmachen möchte. Wenn ja, gebt ihr dieses Buch, damit sie sich genauer darüber informieren kann und erklärt ihr, worauf sie bei eurem Baby achten muss.

Die Bezugsperson sollte:

- Eine positive Einstellung zu Windelfrei haben
- Zeit und Lust haben, mit Baby zu kommunizieren
- Körperlich dazu in der Lage sein, das Baby sicher abzuhalten
- Zuverlässig sein

Auch ältere Geschwister können dafür schon in Frage kommen, wenn sie diese Voraussetzungen erfüllen. Euer Bauchgefühl, ob eine Person die richtige ist, entscheidet.

Wenn, wie leider oft in der Kita oder Kinderkrippe, nicht genügend Zeit ist, darf man nicht erwarten, dass Windelfrei dort durchgeführt wird.

Falls ihr auf eine Betreuungsperson angewiesen seid, die Windelfrei mit eurem Baby tagsüber nicht praktiziert, könnt ihr es aber in jedem Fall durchziehen, wenn euer Kind bei euch ist. Babys verstehen intuitiv sehr gut, dass nicht alle Situationen gleich sind und stellen sich auf die jeweilige Person ein. Ein Baby lernt schnell, dass nur seine Mama es abhält, aber die Leute in der Kita nicht.

Windelfrei für Berufstätige

Wenn man als Berufstätige(r) einen Windelfrei-Plan aufstellt, der die Tagesbetreuung mit einbezieht, sollte man mit der Betreuungsperson immer wieder absprechen, zu welchen Gelegenheiten das Baby abgehalten werden soll. Siehe dazu auch *Babysitter, Kita, Tagesmütter*.

Wenn das nicht möglich ist, beschränken sich eure Windelfrei-Gelegenheiten auf die Zeiten zu Hause. Je nachdem, wie es der Tagesablauf erlaubt, könnt ihr beim Füttern, Baden und Spielen auch Windelfrei-Gelegenheiten in die gemeinsame Zeit mit dem Baby einbinden.

Fangt mit einer Windelfrei-Gelegenheit früh morgens nach Babys Aufwachen an. Selbst wenn ihr nur für kurze Zeit jeden Morgen miteinander kommuniziert, ist dies ein großartiger Start in die Windelfreiheit, die ihr Schritt für Schritt, wie es euer Alltag erlaubt, auf andere gemeinsame Zeiten ausdehnen könnt.

Es spricht nichts dagegen, schon den Mutterschaftsurlaub zu nutzen, um mit Windelfrei anzufangen. Wichtig ist, als Windelfrei-Gelegenheiten schon von Anfang an Situationen auszuwählen, die ihr auch dann, wenn ihr wieder arbeiten geht, fortführen könnt. Es nützt ja nichts, wenn ihr euer Baby während des Mutterschaftsurlaubs beim Füttern abhaltet, wenn es danach in der Kita aus Zeitgründen nicht mehr beim Essen abgehalten werden kann. Daher lieber ein Ereignis morgens oder abends auswählen, dass ihr auch in Zukunft immer zusammen zu Hause durchziehen könnt.

Auch wenn ihr nicht so viel Zeit habt, wie Eltern, die nicht arbeiten gehen, ist es eine gute Idee, euer Baby zu bestimmten Windelfrei-Gelegenheiten daran zu gewöhnen, sich ohne Windel zu erleichtern. Denn letztendlich geht es ja nicht darum, dass euer Baby frühzeitig sauber wird, sondern dass sein natürliches Gefühl für seine Ausscheidungsbedürfnisse erhalten bleibt. Das wird ihm in jedem Falle dabei helfen, sich später schneller von der Windel zu verabschieden.

Windelfrei-Ausstattung

Welche speziellen Dinge braucht man für Windelfrei?

Für Windelfrei braucht man keine spezielle Ausrüstung. Ein paar Dinge, die sich bewährt haben, sind:

- Feuchte Babytücher und Sachen zum Saubermachen und Pflegen, wie man sie auch bei Windelbabys verwendet.
- Wasserfeste Unterlagen, um Bettchen und alles Wertvolle in der Wohnung zu schützen.
- Notizbuch oder Handy-App, damit ihr Babys Timing und euren gemeinsamen Erfolg festhalten könnt.
- Ein Tragetuch, um das Baby immer in Reichweite zu haben. Ein Tragetuch hat übrigens den Vorteil, dass Babys sich normalerweise nicht gerne erleichtern möchten, solange sie an Mama hängen.

Welche Kleidung braucht man für Windelfrei?

Am besten natürlich Kleidung, die man dem Baby schnell und unkompliziert an- und ausziehen kann. Für alle, die neu in der Babywelt sind, hier ein paar praktische Tipps:

- Separate Ober- und Unterteile, damit man Babys Unterleib schnell freilegen kann.

- Trainingshosen, die schnell zu öffnen sind, mit Druckknöpfen
- Split Pants, die schnell im Schritt auseinandergezogen werden können.
- Babylegs, das sind lange Stulpen, die von der Wade bis zum Oberschenkel reichen, um Babys Beine warm zu halten.
- Für ältere, die schon alleine auf den Topf gehen: Hosen, die sie selber an- und ausziehen können

Tipp: Am Anfang möchte man, dass Babys die Knöpfe nicht selber öffnen und wählt gerne Druckknöpfe. Später, wenn das Kind selber auf die Toilette geht, wählt man Verschlüsse, die es alleine gut öffnen kann.

Wegwerf- oder Stoffwindel – was ist besser für Windelfrei?

Ja, auch windelfreie Babys tragen Windeln. Alles ist erlaubt, von der ultrapraktischen Wegwerfwindel mit Feuchtigkeitsanzeige bis zur umweltfreundlichen Stoffwindel. Auch Backups sind sehr praktisch. Das sind Überhosen, in die man eine Einlage hineinlegen kann. Manche Eltern kleben auch ganz einfach Damenbinden in Babys Unterhosen, um die Nacht oder eine Zeit, wo kein großes Geschäft zu erwarten ist, günstig zu überbrücken.

Grundsätzlich gilt: Stoffwindeln sind umweltfreundlicher, aber arbeitsaufwendiger und das Baby merkt früher, wenn es nass ist. In der Wegwerfwindel liegt

Baby trockener, aber dafür kann sein Gefühl, dass es mal muss, leichter übersehen werden.

Diesen Unterschied können wir für unser Windelfrei-Projekt ausnutzen. Zum Beispiel bekommt Baby nachts und unterwegs die bequeme Wegwerfwindel und tagsüber zu Hause, wenn wir bereit sind, die Windel schnell zu wechseln und zu waschen, zumindest gelegentlich eine Stoffwindel.

Denn tendenziell hilft bei unserem Windelfrei-Projekt eine Stoffwindel besser als eine Wegwerfwindel, Babys Gefühl und die Kontrolle über seine Ausscheidungen zu erhalten und natürlich zu entwickeln. Daher sollten Windelfrei-Babys in der Zeit, wo sie Windeln tragen, nicht nur in Wegwerfwindeln sein.

Tipp: Wenn ihr dickere Stoffwindeln verwendet, denkt daran, dass die meisten Hersteller von Babykleidung heutzutage von den dünneren Wegwerfwindeln ausgehen und gerade günstige Hosen daher oft zu eng sind.

Windelfrei funktioniert nicht? Das könnt ihr tun

Wie erkenne ich, dass mein Baby mal muss?

Die Signale, die Baby zur Verfügung stehen, um uns mitzuteilen, dass Blase oder Darm voll sind, sind, solange es noch nicht sprechen kann, noch reichlich begrenzt. Auch für die engste Bezugsperson ist es anfangs schwierig, Babys Hunger von Bauchschmerzen oder der Anbahnung seines großen Geschäfts zu unterscheiden. Jedes Baby hat seine eigene Sprache und manche kommunizieren mehr, andere eher weniger, was sie bedrückt.

Wie kann man also erkennen, wann Baby mal muss?

Signale, die bei vielen Babys auf eine volle Blase oder einen vollen Darm hindeuten:

- Baby dockt beim Stillen ab oder verweigert die Flasche oder den Löffel, oder will beim Füttern vom Stuhl runter
- Akustische Signale (die aus dem Mund)
- Körpergeräusche (die aus dem Bauch)
- Baby macht sich steif, krümmt sich, zieht die Bauchmuskeln zusammen, guckt komisch oder fängt an, zu drücken
- Quengeln, unruhig werden, ruckartiges Strampeln oder ähnliche Bewegungen
- Baby fasst sich an den Bauch oder den Schritt

Natürlich wird nicht immer alles eindeutig oder gar logisch sein und was heute »ich muss mal« bedeutet, kann morgen »ich bin heute nicht gut drauf« heißen.

Daher kann man Babys Ausscheidungsbedürfnisse am besten entschlüsseln, wenn man nicht nur seine Signale, sondern auch andere Faktoren wie Erfahrung, Routine, Rhythmus, Timing, Bauchgefühl und Intuition einbezieht.

Babys Timing und Mamas Bauchgefühl

Babys entwickeln neben ihren Signalen auch ein gewisses Timing. Ihre Ausscheidungen kommen zu bestimmten Gelegenheiten oder in wiederkehrenden Zeitabständen.

Viele Babys müssen auch gerade dann, wenn sich ihre Situation verändert, also z.B.

- Nach dem Aufwachen
- Beim oder nach dem Stillen oder Füttern
- Beim oder nach dem Baden
- Nach dem Hochnehmen aus einem Sitz
- Wenn die Windel runterkommt

Wissenswertes über Babys Ausscheidungshäufigkeit findet ihr im Kapitel *Wie oft müssen Babys und Kleinkinder eigentlich?*

Wenn ihr hinter Babys Timing oder seinen Rhythmus kommen wollt, könnt ihr euch nicht an fixen Zeiten orientieren. Statt »Mein Baby muss immer um 9 Uhr 30, dann wieder um 10 Uhr 45« zählen die Zeitabstände: »Babys kleines Geschäft kommt immer ein paar Minuten nach dem Aufwachen, danach dauert es ungefähr eine Stunde bis zum nächsten Pipi«.

Übrigens: Den Wecker bis zu Babys nächstem Geschäft zu stellen hat Vorteile gegenüber einer nassen Hose…

Baby muss nicht, wenn ich denke, es muss

Übt ihr schon länger und es funktioniert einfach nicht? Entspannt bleiben! Hier sind ein paar typische Probleme:

- Mama wartet verzweifelt darauf, dass ihr Baby ein Signal aussendet, dass es gleich muss. Sie vergisst dabei, dass es nach Babys Timing schon längst wieder Zeit ist, es vorbeugend abzuhalten und verpasst Babys Geschäft.
- Mama interpretiert jede Bewegung ihres Babys als Signal und hält es alle zehn Minuten ab oder setzt es auf den Topf. Baby ist so verwirrt über die vielen Gelegenheiten, dass es ganz unregelmäßig macht und sein natürlicher Rhythmus völlig durcheinander gerät.
- Mama ist völlig auf Babys Timing fixiert. Sie hält es nach der Uhr ab oder setzt es auf den Topf, obwohl ihr Bauchgefühl ihr etwas anderes sagt. Beide sind frustriert, weil sie ständig zu den falschen Zeiten über der Schüssel hängen.

Was tun?

Für die nächste Zeit erst mal wieder einen Schritt zurückgehen. Beschränkt euch auf diejenigen Windelfrei-Gelegenheiten, bei denen euer Baby so gut wie immer muss. Bietet ihm dabei rechtzeitig an, sich ohne Windel zu erleichtern und gebt ihm Rückmeldung. Das konsequent wiederholen, bis es wieder besser geht.

Nach und nach könnt ihr wieder weitere Windelfrei-Gelegenheiten dazu nehmen. Konzentriert euch dabei nicht nur einseitig auf Babys Timing oder Babys Signale, sondern achtet auch auf euer Bauchgefühl. Auch wenn vielleicht nicht immer alles läuft wie gewünscht, habt ihr bestimmt schon bald wieder Erfolgserlebnisse, auf denen ihr immer weiter aufbauen könnt.

Falls eine Windelfrei-Gelegenheit schon gut funktioniert hat, aber auf einmal nichts mehr geht, lest *Baby streikt auf einmal – was tun?*

Bei uns haut das mit dem Abhalten nicht hin

Wenn Baby sich nicht erleichtert, wenn ihr es abhaltet, kann das ganz harmlos, aber auch sehr ernst sein. So lange Baby sich noch nicht richtig artikulieren kann, ist vieles ein Ratespiel. Das gilt für Windelfrei genauso wie für alles andere im Babyalltag. Als erstes solltet ihr daher beim Kinderarzt abklären lassen, ob eventuell eine medizinische Ursache wie z.B. Blasenentzündung oder Verstopfung vorliegt.

Die häufigsten Gründe, warum gesunde Babys beim Abhalten nicht machen:

- Baby muss nicht. Lest dazu das vorherige Kapitel.
- Baby hat Bauchschmerzen oder Koliken oder es verträgt eine bestimmte Art Essen nicht, die Durchfall oder Verstopfung hervorruft.
- Baby hat eine Haut Irritation oder ist wund und das Wasser lassen brennt.
- Vielleicht ist selbst das ganz normale, aber noch unbekannte Gefühl, ohne Windel zu machen, anfangs verwirrend für Baby.
- Baby fühlt sich unwohl oder unsicher in der Abhalteposition.
- Baby empfindet die Abhalteposition als zu kuschelig. Die meisten Babys machen nicht nahe am Körper der Eltern. Baby sollte daher klar einen Unterschied zwischen Abhalten und Kuscheln erkennen.
- Ihr setzt es auf einem Gefäß auf, das zu kalt ist oder wehtut.
- Vielleicht ist es ja auch gerade hungrig oder müde oder etwas anderes ist spannender.

Gebt Baby genug Zeit, um sich zu entspannen, also etwa eine Minute. Wenn es dann nicht gegangen ist, oder wenn es schon vorher sichtbare Probleme mit dem Abhalten hat, hört auf und probiert es zu einem späteren Zeitpunkt noch einmal. Dabei eventuell eine andere Position oder ein anderes Gefäß ausprobieren oder es einfach über eine saugfähige Unterlage halten.

Wenn Baby beim Abhalten nicht macht, aber sobald ihr es wieder hinlegt:

Vermutlich fühlt es sich in der Halteposition oder mit dem Gefäß, das ihr benutzt nicht wohl. Die Tipps sind die gleichen wie im vorigen Abschnitt.

Wenn Baby schon kurz nach dem Abhalten noch einmal macht:

Denkt daran, dass die Kleinsten sich manchmal nur so viel entleeren, dass der Überdruck weg ist. Dass gleich danach das eigentliche Geschäft kommt, ist ganz normal.

Wenn es nur manchmal klappt:

Viele Babys werden nicht immer, sondern nur manchmal anzeigen, wenn sie müssen. Vielleicht seid ihr zu fixiert darauf, auf Babys Signale zu achten. Bezieht auch sein Verhaltensmuster bzw. Timing und euer Bauchgefühl mit ein und bietet ihm rechtzeitig vorher von euch aus an, sein Geschäft ohne Windel zu erledigen.

Wenn ihr es immer erst zu spät erwischt:

Wartet nicht darauf, bis Babys signalisiert, dass es gleich loslegt, sondern versucht, sein Timing und euer Bauchgefühl mit einzubeziehen, damit ihr ihm rechtzeitig anbieten könnt, sich zu erleichtern, bevor es dringend ist.

Baby streikt auf einmal – was nun?

Darauf müsst ihr euch leider einstellen. Alles ist schon eine Weile gut gelaufen und auf einmal kommt eine Phase, in der ihr euch in Punkto Windelfrei über einen längeren Zeitraum hinweg einfach nicht mehr verständigen könnt. Baby zeigt auf einmal ungewohnte Verhaltensmuster. Es signalisiert plötzlich nicht mehr, wenn es muss, weigert sich, zu machen, obwohl es dringend muss oder besteht auf die Windel.

Viele Babys gehen durch so eine Phase, die leider ein bis zwei Monate dauern kann. Meistens ist das um Babys erstes Lebensjahr herum der Fall. Der Grund ist, dass Baby immer mehr lernt und vollauf mit neuen Ereignissen beschäftigt ist. Seine Ausscheidungen sind nicht so aufregend wie Krabbeln, und ein durchbrechender Zahn kann wirklich alle Sinne in Anspruch nehmen.

Das Wichtigste ist, das ihr akzeptiert, dass dies eine kurze Phase in der natürlichen Entwicklung eures Kinds ist, durch die ihr durch müsst. Das Gute: Sie geht in ein bis zwei Monaten wieder vorbei. Also ruhig bleiben, nicht schimpfen, nicht verzweifeln und Windelfrei trotzdem weiterhin konsequent, aber nicht aufdringlich anbieten.

Das Einzige, was ihr falsch machen könnt, ist, zu viel Druck auf euer Baby oder euch selber auszuüben! In der Zwischenzeit: konsequent weitermachen und immer wieder daran denken, dass es nur eine Phase ist, die bald wieder von alleine verschwinden wird. Auch sich mit anderen in Online-Foren austauschen hilft oft, denn es tröstet und beruhigt ungemein, wenn man weiß, man ist nicht allein...

Windel, keine Windel, Windel – jetzt geht gar nichts mehr?

Das Problem: Es klappt gerade nicht und Mama packt Baby daher erst mal wieder in Windeln, um zu einem späteren Zeitpunkt weiter zu machen. Durch die Windel merken Baby und Mama nicht mehr rechtzeitig, wann das Geschäft kommt.

Die Folge: Baby liegt noch öfter in Windeln und irgendwann geht gar nichts mehr ohne. Selbst was vorher schon gut funktioniert hat, läuft nun auf einmal nicht mehr rund.

Was tun? Erst mal wieder einen Schritt zurück und nur die Windelfrei-Gelegenheiten üben, bei denen Baby ziemlich zuverlässig immer muss. Gebt ihm dabei vorbeugend die Chance, sich ohne Windel zu erleichtern. Vergesst nicht, ihm dabei immer Rückmeldung zu geben. Wenn möglich solltet ihr auch statt Wegwerfwindeln Stoffwindeln benutzen, damit euer Baby zeitnah wahrnimmt, wenn es nass wird.

Wenn das wieder klappt, könnt ihr mit weiteren Windelfrei-Gelegenheiten weitermachen. Konzentriert euch dabei nicht nur isoliert auf Babys Timing oder Babys Signale, sondern achtet auf beides und auch auf euer Bauchgefühl.

Bevor ihr aufgebt...

Nichts gelingt, alles ist frustrierend und ihr seid allmählich überzeugt, dass das ganze Windelfrei-Konzept nicht funktioniert?

Alle, die es durchgezogen haben, können euch gut verstehen. Kinder sind nun mal keine Roboter. Während der gesamten Kindererziehung – nicht nur bei Windelfrei - gibt es leider Krisenzeiten, wo man am liebsten alles hinschmeißen würde.

Bevor ihr aufgebt, denkt an die schönen Momente, die Baby und ihr während eures Windelfrei-Projektes hattet! Wäre euer Kind wirklich glücklicher, wenn ihr abbrechen würdet?

Bei Windelfrei gibt es immer die Möglichkeit, auszusetzen, bis wieder alles entspannter ist. Vielleicht ist es auch Zeit, den Windelfrei-Plan noch einmal zu lesen und erst mal wieder einen Schritt zurück zu gehen?

Stress entsteht im Kopf – versucht, euch zu entspannen! Euer Baby fühlt sich nicht schlecht, wenn es mal nicht wie gewünscht läuft, und ihr solltet das auch nicht tun. Verpasste Gelegenheiten beim Windelfrei-Projekt sind völlig normal und sollten auch so behandelt werden. Sie sind Teil der natürlichen Entwicklung wie alles andere auch.

Klar, ist es nicht immer leicht, eine positive Einstellung zu bewahren. Windelfrei ist ja nicht das einzige, was man mit einem Baby um die Ohren hat. Aber Fakt ist, dass alles im Leben umso schlechter funktioniert, je hektischer und gestresster man ist, und dass man in einer Abwärtsspirale immer frustrierter wird.

Denkt auch daran, wie sehr unsere Gedanken und unsere Wortwahl die Psyche beeinflussen. Statt mit Übertreibungen wie »Immer geht es daneben!« oder »Nie klappt es!« schlechte Stimmung zu erzeugen, freut euch lieber über die Momente, in denen es gut läuft. Wenn man viel Augenmerk auf die Missgeschicke legt, vergisst man dabei oft, wie viel man schon erreicht hat. Ruhig bleiben, konsequent weiter machen und jedes Mal, wenn es funktioniert, mit Baby einen Happy Dance hinlegen!

Was man aber immer tun sollte, ist, kurz darüber nachzudenken, warum es dieses Mal nicht geklappt hat: Was hat Baby gemacht, bevor das Geschäft gekommen ist? Oder womit hat es aufgehört? Wart ihr abgelenkt und habt sein Zeichen übersehen? War der Weg zur Toilette zu weit? Was könnt ihr das nächste Mal anders machen?

Im Gegensatz zu anderen Dingen im Leben kann man bei Windelfrei ja ohne Probleme aussetzen, bis wieder alle entspannt sind. Nach einer kleinen Erholungspause funktioniert bestimmt alles wieder besser.

FAQs – Häufig gestellte Fragen

Was sind die Vor- und Nachteile von Windelfrei?

Windelfrei nach unserem Windelfrei-Plan hat unter anderem diese Vorteile:

- Es ist realistisch und passt in jeden Alltag.
- Das Baby verlernt nicht sein angeborenes Gefühl, zu signalisieren, wenn es mal muss. So ist es später leichter, völlig auf die Windel zu verzichten. Denn es ist doch paradox, dass die meisten Eltern ihren Kindern beibringen, dass es zwei Jahre lang ok ist, unkontrolliert in eine Windel zu machen, um es ihnen danach mühsam wieder abzutrainieren.
- Schritt-für-Schritt Windelfrei vermeidet so manchen wunden Po oder Windelausschlag.
- Durch die natürliche Hockstellung beim Abhalten hat Baby weniger Schwierigkeiten beim Stuhlgang als wenn es in der Windel liegt.
- Es ist angenehmer, ein Baby für das große Geschäft abzuhalten als ihm das Kacka von der Haut zu putzen.
- Windelfrei-Babys werden meist früher sauber - schließlich haben sie nie verlernt, auf ihren Körper zu hören.
- Ein guter Nebeneffekt ist, dass man Geld für Windeln spart und ein bisschen dazu beiträgt, die Umwelt zu entlasten.

Diese Nachteile kann es geben:

- Wie bei vielem in der Kindererziehung gibt es natürlich auch bei Windelfrei Zeiten, die nicht nur Freude machen. Auch das sollte man sich bewusst machen, bevor man anfängt. Nicht alle Tage sind gleich. Ihr werdet manchmal sehr frustriert sein.
- Bis ihr euch eingespielt habt, wird es vorkommen, dass ihr euer Baby nicht rechtzeitig oder zu einem falschen Zeitpunkt abhaltet.
- Nach anfänglichen Erfolgen gibt es bei manchen Babys um das erste Lebensjahr herum eine kurze Phase, in der sie »streiken«, weil sie mit anderen Ereignissen ihrer Entwicklung beschäftigt sind.

Für Windelfrei-Eltern überwiegen die Vorteile des Windelfrei-Plans, weil er völlig flexibel ist und ihrem Baby hilft, sich natürlich zu entwickeln.

Was unterscheidet Windelfrei vom üblichen Topftraining?

Bei Windelfrei bleibt das angeborene Gefühl, dass Babys ihre Ausscheidungen wahrnehmen, erhalten. Baby und Mama lernen, sich allmählich und ganz natürlich so gut über Babys Geschäftsbedürfnisse zu verständigen, dass es möglich wird, immer öfter auf die Windel zu verzichten, bis Baby schließlich in allen Situationen ohne ist.

Das althergebrachte Topftraining dagegen bedeutet, Baby muss erst zwei Jahre in die Windel machen und sich dann auf einmal komplett umstellen.

Windelfrei, Topffit, Ausscheidungskommunikation - ist das alles dasselbe?

Am häufigsten hört man in Deutschland die Bezeichnung »Ausscheidungskommunikation«, »Windelfrei« und »Topffit«. Auch wenn es verschiedene Methoden gibt, Babys ohne Windeln aufwachsen zu lassen, haben diese Begriffe alle mehr oder weniger dasselbe Ziel: Durch ein starkes Band und gute Kommunikation helfen Eltern ihrem Baby, sich auf sanfte, stressfreie und natürliche Weise ohne Windel zu erleichtern. Frühe Sauberkeit ist dabei nicht das Ziel, sondern ein angenehmer Nebeneffekt.

Können Babys überhaupt schon wahrnehmen, wenn sie mal müssen?

Mal ehrlich, wenn Babys Nerven schon bei der Geburt Empfindungen wie Kitzeln, Hunger und Bauchschmerzen wahrnehmen, warum sollten sie zwei Jahre lang nicht merken, wenn sie mal müssen? Die meisten Babys zeigen schon von Geburt an ziemlich deutlich, wenn etwas in ihrem Darm vorgeht. Eine volle Blase ist allerdings nicht ganz so offensichtlich.

Ein Kind kann dann sauber sein, wenn es seine Blasen- und Darmschließmuskeln vollständig kontrollieren kann. Wie andere Muskeln sind auch diese Muskeln ab der Geburt vorhanden und werden im Laufe des Wachstums immer kräftiger. Mit spätestens zwei Jahren sind sie aus medizinischer Sicht ausgereift. Bei Windelfrei-Babys werden diese Muskeln früher entwickelt und gestärkt als bei Babys, die gewohnt sind, ihr Geschäft unbeachtet in eine Windel laufen zu lassen.

Kann zu frühe Windelfreiheit meinem Baby schaden?

Nicht, wenn es liebevoll und ohne Zwang durchgeführt wird. Selbstverständlich muss man sich, wie bei anderen Erziehungsfragen auch, auf die Fähigkeiten des Babys einstellen. Das heißt unter anderem, Baby beim Abhalten sicher halten, Kopf und Körper soweit nötig unterstützen, es nie unbeaufsichtigt lassen und nie zu etwas zwingen, was es nicht kann.

Müssen Babys für Windelfrei immer »unten ohne« sein?

Bei unserem Windelfrei-Plan nicht, denn wir bieten unserem Baby ja nur bei bestimmten Windelfrei-Gelegenheiten an, sich ohne Windel zu erleichtern.

Hat öfter mal »ohne Windel lassen« Vorteile? Einerseits ja, denn man kann sehr gut beobachten, wann Baby muss. Andererseits, so süß Babys Po ist, so schnell sollte es sich auch daran gewöhnen, dass man in unseren Breitengraden üblicherweise Kleidung trägt. Das hilft ihm, zu verstehen, dass es auch trocken bleiben muss, wenn es eine Hose an hat.

Werden Windelfrei-Babys früher sauber?

In unserer heutigen Gesellschaft in Deutschland beginnt man üblicherweise bei Babys ab ungefähr zwei Jahren mit dem Abtrainieren der Windel. So sind statistisch gesehen Mädchen heutzutage mit ungefähr drei Jahren und Jungs etwa drei Monate später sauber. Die Praxis zeigt, dass alle unsere Kinder schon wesentlich früher sauber sein könnten, wenn die Erst-Windel-Dann-Topftrainings-Methode, so wie sie sich in den letzten Jahrzehnten eingebürgert hat, nicht so ein langwieriger Prozess wäre, der erhebliche Mengen an Zeit, Geduld und Aufmerksamkeit der Eltern erfordert.

In anderen Kulturen werden Babys schon viel früher auf den Topf gesetzt. Auch in Deutschland, als es bis zu den 70er Jahren nicht die Annehmlichkeit von Wegwerfwindeln gab, begann man zumeist bereits mit einem halben Jahr mit dem Topftraining und Babys waren schon mit einem oder eineinhalb Jahren sauber.

Windelfrei bedeutet nicht automatisch, dass das Baby früher als andere sauber wird. In erster Linie geht es darum, dass wir alle Bedürfnisse unseres Babys, nicht nur essen und schlafen, verstehen möchten und ihm Schritt für Schritt dabei helfen wollen, sich natürlich und ohne Windel zu erleichtern, anstatt in seinen eigenen Ausscheidungen zu liegen.

In der Praxis werden Windelfrei-Babys im Allgemeinen tatsächlich wesentlich früher sauber als Windel-Babys, da sie das angeborene Gefühl, ihre Ausscheidungen bewusst wahrzunehmen, nicht verlernen und ihre Schließmuskeln sich schneller entwickeln. Außerdem geht die komplette Entwöhnung von der Windel meist auch mit wesentlich weniger emotionalem Stress vonstatten.

So ist es keine Seltenheit und auch nicht unnatürlich, dass Windelfrei-Babys bereits im Alter von einem Jahr sauber sind.

Windel, keine Windel – ist das nicht verwirrend für das Baby?

Nein, absolut nicht! Babys haben keine Probleme, zwischen windelfreier Zeit und Windeln umzusteigen, solange sie die Spielregeln verstehen. Das heißt, Windelfrei funktioniert nur, wenn es regelmäßig zu bestimmten Gelegenheiten durchgezogen wird und nicht verwirrend für das Baby ist.

Ist Windelfrei im Winter nicht viel zu kalt?

Nein, denn wir lassen Baby ja selbstverständlich nur für kurze Zeit in einem geheizten Raum ohne Windel. Oben herum und an den Füßen bleibt es warm angezogen, zum Beispiel mit Babylegs.

Natürlich gibt es auch abgehärtete Windelfrei-Freaks, die ihre Sprösslinge bei Wind und Wetter im Freien abhalten – das ist Ansichtssache.

Ist Windelfrei nicht unsauber?

Wenn ein Baby einzieht, ist es sowieso Zeit, ein paar Änderungen in der Wohnung vorzunehmen. Der Bereich, in dem man Baby im anfänglichen Stadium von Windelfrei unter Beaufsichtigung für die kurze Zeit einer Windelfrei-Gelegenheit ohne Windel lässt, wird selbstverständlich mit einer waschbaren Unterlage ausgelegt.

Und wer sagt denn, dass bei Windeln immer alles sauber bleibt? Ganz zu schweigen von den müffligen Windeln, die man entsorgen muss. Das spült ihr bei Windelfrei schon nach kurzer Zeit einfach runter!

Wie oft müssen Babys und Kleinkinder eigentlich?

Interessante Fakten über Babys Ausscheidungen, die euch helfen können, sein Timing besser einzuschätzen:

Babys Darmentleerung:

- Die Häufigkeit der Darmentleerung ist bei jedem Baby unterschiedlich und kann auch beim selben Baby von Woche zu Woche anders sein.
- Säuglinge haben sehr oft, meist nach jeder Mahlzeit Stuhlgang. Ihre Verdauung ist aber noch völlig unregelmäßig. Es muss noch keine Verstopfung vorliegen, wenn mehrere Tage zwischen der Darmentleerung liegen. Normal kann alles von fünf Mal täglich bis einmal alle fünf Tage sein. Wenn sich das Baby sichtlich unwohl fühlt selbstverständlich sofort den Arzt hinzuziehen!

- Nach der Umstellung des Säuglings auf Breinahrung nimmt die Häufigkeit der Darmentleerung normalerweise auf ein- bis zwei Mal pro Tag ab. Der Stuhlgang ist abhängig von den Lebensmitteln (Bananen z.B. stopfen, Milchzucker führt ab) und kann immer noch unregelmäßig sein. Wenn er zu selten wird, sollte man sofort den Arzt aufsuchen.
- Ein Dreijähriger muss meist nur noch ein Mal pro Tag oder noch seltener.
- Die meisten Babys geben deutlich sichtbare Signale, wenn sie spüren, dass ihr großes Geschäft gleich kommt (steif machen, krümmen, quengeln, strampeln, Gesichtsausdruck, etc.).
- Darmkontrolle ist einfacher und passiert bei Babys früher als Blasenkontrolle.

Babys Blasenentleerung:

- Die Harnabgabe bei Säuglingen kann bis zu 24 Mal in 24 Stunden erfolgen. Einjährige müssen im Durchschnitt ca. zehn Mal pro Tag.
- Nachts müssen Säuglinge bis zu fünf Mal. Das reduziert sich, bis das Baby ein Jahr alt ist, auf ein bis zwei Mal pro Nacht.
- Vormittags müssen Babys meistens öfter als nachmittags.
- Die Harnabgabe bei Babys bis zu einem Jahr kann noch sehr unterschiedlich sein, und von jeweils nur wenigen, über den ganzen Tag

verteilten Tropfen bis zu größeren Mengen in größeren Zeitabständen reichen.

- Die Urinausscheidungsmenge eines Neugeborenen beträgt nur wenige Tropfen bis zu einem Esslöffel, für einen Einjährigen liegt sie bereits zwischen 100 und 150 ml. Daher verringern sich mit wachsender Blase auch die zeitlichen Abstände.
- Eine voll werdende Blase kündigt sich erst mit schwachen Signalen, die beim Spielen oft unterdrückt oder ignoriert werden, an. Erst kurz, bevor es zu spät ist, sendet sie deutliche Signale, die die Kinder bemerken. Oft fassen sie sich dann an den Schritt oder trippeln unruhig von einen Fuß auf den anderen.
- Wenn ein Baby erfahren hat, dass es sich regelmäßig ohne Windel erleichtern kann, wird es sich unbewusst darauf einstellen und wenn möglich, so lange aushalten, bis sich diese Gelegenheit wieder bietet.
- Viele Babys machen zuerst nur ein paar Tropfen, die dringend rausmüssen. Danach machen sie erst mal Pause, um kurze Zeit später die ganze Menge herauszulassen.

Warum machen Babys oft nochmal, wenn man die Windel wechselt?

Eigentlich sollte man doch annehmen, dass eine nasse Windel erst mal genug ist. Doch warum müssen viele Babys gleich nochmal, sobald die Windel ab ist?

Das kommt daher, dass beim ersten Mal oft nur so viel kommt, dass der Druck von der Blase genommen ist. Der Rest kommt dann, wenn man die Windel abnimmt.

Außerdem haben Babys oft den Impuls, zu pieseln, wenn sich etwas in ihrem Umfeld ändert.

Was sage ich zu anderen, die Windelfrei nicht gut finden?

Stillen oder Flasche, eigenes Bettchen oder Elternschlafzimmer, Windel oder nicht, dies alles sind Reibungspunkte bei der Kindererziehung, zu denen viele eine in Stein gemeißelte Meinung haben. Ihr könnt also darauf warten, dass andere euch milde belächeln oder versuchen werden, euch davon abzubringen, wenn ihr erzählt, dass ihr euch für Windelfrei entschieden habt.

Die, die keine Kinder haben, haben vermutlich noch nie davon gehört. Viele sind dann schnell dabei,

Windelfrei als Rückschritt in die Urzeit oder als Spinnerei für ökologische Vollzeitmütter abzulehnen.

Von denen, die selber Kinder haben, haben sich die wenigsten mit einem alltagstauglichen Windelfrei-Konzept auseinandergesetzt. Selbst die, die Windelfrei gut finden, kennen nur die herkömmlichen Methoden und denken, dass es 24 Stunden Zeit am Tag erfordert.

Wenn ihr also von eurem Windelfrei-Projekt erzählt, werden manche Eltern das unbewusst so auffassen, als ob ihr damit sagen wollt, dass sie schlechte Eltern sind, weil sie ihr Kind mit der Windel erzogen haben. Sie fahren dann natürlich alle Schutzschilder für ihre Verteidigung hoch und finden tausend Argumente, warum Windeln besser sind und euer Windelfrei-Vorhaben schlecht fürs Baby ist und niemals funktionieren wird.

Wie reagiert man am besten, wenn andere skeptisch sind, Falsches über Windelfrei verbreiten, oder euch davon abraten?

Eine gute Idee ist, eure Antwort mit einem Satz zu beginnen, der anerkennt, dass euer Gegenüber vermutlich auch nur das Beste für euer Baby will: »Ich weiß, dass Ihr es gut meint und das Beste wollt. Und ich verstehe, dass ihr skeptisch seid. Wir wollen auch das Beste für unser Baby und haben uns genau über alle Vor- und Nachteile von Windelfrei informiert, bevor wir uns dazu entschlossen haben.«

Steht zu eurer Entscheidung

Natürlich muss man nicht damit hausieren gehen, dass das Baby windelfrei erzogen wird, wenn es gar nicht zur Diskussion steht. Aber es zu verschweigen, weil man Angst hat, der andere akzeptiert es nicht, ist auch keine gute Lösung. Denn mit schlechtem Gewissen fühlt man sich schuldig und gerät schnell in Gefahr, aufzugeben.

Versucht nicht, Eltern, die Windeln bevorzugen, zu bekehren

Wer durchblicken lässt, dass er sich bewusst für die Windel entschieden hat, ist auch nicht an Details über Windelfrei interessiert. Verschont solche Gesprächspartner daher mit Lobeshymnen über euer Windelfrei-Projekt. Wenn sich jemand wirklich dafür interessiert, könnt ihr ihm ja dieses Buch empfehlen.

Wenn jemand negative Pauschalurteile über Windelfrei verbreitet

Sagt ganz ruhig: »Das ist nicht richtig« und lasst es dann dabei bewenden. Wer sich nie die Mühe gemacht hat, sich zu informieren und stattdessen mit falschem Halbwissen glänzt, wird seine Meinung nicht ändern.

Sätze, die euch dabei helfen können, mit anderen über Windelfrei zu sprechen:

Gegenseitiger Respekt

»Wir haben uns für Windelfrei entschieden und erwarten von anderen, dass sie das respektieren.«

»Was genau magst du daran nicht?« Bringt den anderen von oberflächlichen Pauschalurteilen auf konkrete Kritikpunkte. Dann könnt ihr diese Punkte diskutieren.

Rationale Gründe

»Es gibt viele Länder in denen Babys natürlich ohne Windeln aufwachsen. Dazu gehören auch hochentwickelte Industrienationen wie Japan. Selbst in Deutschland gab es bis zu den 70ern keine Wegwerfwindeln und Kinder wurden deswegen schon früher zur Sauberkeit ohne Windel erzogen.«

»Normalerweise gibt man für ein Baby mindestens 2000 Euro für Windeln aus. Das Geld, das wir sparen, kommt auf Babys Sparbuch.«

»Windeln stinken zum Himmel. Weniger Windeln sind gut für die Umwelt.«

»Wer war zuerst da, Windeln oder Babys? Wo es keine Wegwerfwindeln gibt, muss die Mutter auf Babys Kommunikation achten. Das ist nur in den letzten Jahren in unserer Gesellschaft verloren gegangen.«

Windelfrei klingt nach Arbeit und Stress

»In den ersten Monaten ist man ja sowieso immer ganz nah beim Baby. Warum soll ich da nicht auch auf Babys Ausscheidungssignale achten?«

»Genauso wie es bald Routine wird, darauf zu achten, wenn Baby hungrig ist, wird es auch bald zur Routine, zu merken, wenn Baby mal muss.«

»Jeder Aspekt der Kindererziehung ist so gesehen zeitaufwendig. Windelwechseln und einen Baby Po sauberzumachen ist auch Arbeit.«

»Es ist nur eine Umverteilung der Arbeit: Ansonsten muss man zwei Jahre Windeln wechseln und danach dem Kleinkind beibringen, statt der Windel den Topf zu benutzen.«

»In den ersten Wochen ist Windelfrei auch nicht zeitaufwendiger als alle paar Stunden die Windel zu wechseln. Und sobald sich Essen, Schlafen und alles andere einspielt, spielen sich auch die Ausscheidungszeiten ein und die trockenen Spannen werden länger. Dann geht Abhalten wesentlich schneller als ein strampelndes Kind sauberzumachen und zu wickeln.«

Babys können das nicht

»Das ist richtig. Ein Neugeborenes kann seine Ausscheidungen noch nicht kontrollieren. Aber es merkt, wenn sich im Bauch und Darm etwas anbahnt, und gibt Signale, genauso wie es zeigt, wenn es hungrig ist.«

»Viele Babys machen ihr Geschäft zu bestimmten Zeiten: frühmorgens auf dem Wickeltisch, wenn die Windel ab ist, oder nach dem Stillen. Das kann man gut ausnutzen, um ihm anzubieten, sich ohne Windel zu erleichtern.«

»Genauso wie Babys merken, dass sie hungrig sind, merken sie auch, wenn sich etwas in ihrem Darm oder in ihrer Blase aufbaut und zeigen uns das mit ihren Mitteln an. Nur wenn wir nicht reagieren, ignorieren sie das Gefühl und lassen es einfach in die Windel laufen.«

Bei Windelfrei macht das Baby auf den Teppich

»Bei uns nicht. Erstens gibt es wasserdichte Unterlagen. Zweitens krabbelt unser Baby nicht unkontrolliert durch die ganze Wohnung. Und drittens ist es viel unhygienischer, sein Kind in seinen eigenen Ausscheidungen liegen zu lassen.«

Windelfrei ist schlecht für die Psyche des Babys

»Nichts, was in der Erziehung liebevoll und ohne Zwang oder Bestrafung ausgeführt wird, verursacht seelische Schäden.«

»Bei Windelfrei steht das gegenseitige Kennenlernen und Verstehen im Vordergrund, nicht das Ohne-Windel-sein oder das Sauber werden.«

»Viel bedenklicher für die Psyche des Babys ist, wenn es beim Abtrainieren der Windel gesagt bekommt, dass das, was es zwei Jahre lang gut gemacht hat, auf einmal nicht mehr richtig ist.«

Ein Bild sagt mehr als tausend Worte

So manche Kritiker werden eure Entscheidung respektieren, wenn sie erst mal hautnah miterleben, wie gut die Kommunikation zwischen eurem Nachwuchs und euch ist. Viele Verwandte, die zuerst skeptisch waren, sind schon bald stolz darauf, wenn sie mit eigenen Augen sehen, was ihr neues Familienmitglied schon alles kann!

Wie finde ich andere Windelfrei-Mütter in meinem Ort?

Es gibt zahlreiche Windelfrei-Gruppen, die sich regelmäßig in verschiedenen Städten treffen. Im Internet findet ihr ihre Kalender und Treffpunkte.

Eine Bitte zum Schluss...

Bitte nehmt euch ein paar Minuten und hinterlasst uns eine Bewertung auf der Webseite, wo ihr dieses Buch gekauft oder ausgeliehen habt.

Sagt uns darin bitte, was euch gefallen hat oder was wir in unserer nächsten Auflage besser machen können. Damit helft ihr allen weiteren Leserinnen und Lesern.

Herzlichen Dank!

Printed in Germany
by Amazon Distribution
GmbH, Leipzig

19212304R00055